Benny Blu®

Gorillas

Große Menschenaffen

Text von Nicola und Thomas Herbst

Illustriert von Karl-Heinz Höllering

Für Ricardo Rössel aus Weischlitz, der gerne wissen wollte,
wie Menschen und Affen miteinander verwandt sind

Benny Blu und die falschen Gorillas

Benny und Michi sind bei Tante Gisela zu Besuch. Gisela arbeitet gerade auf der Terrasse. Plötzlich springen die beiden Jungen hinter der Hecke hervor.

„Uah, wir sind die schrecklichen Gorillas. Wir nehmen dich mit in unsere Höhle im Urwald", brüllen sie. Die Tante fängt an zu lachen: „So ein Quatsch!"

„Warum lachst du?", fragt Benny enttäuscht. Tante Gisela erklärt ihnen, dass Gorillas nicht angriffslustig sind. Außerdem wohnen sie nicht in Höhlen. „Woher weißt du das nur?", will Michi wissen.

„Meine Freundin ist Tierpflegerin im Zoo", antwortet Gisela. „Ich zeige euch die Internetseite vom Tiergarten." Gemeinsam gucken sie im Internet nach.

„Wir müssen unbedingt in den Zoo zu den Gorillas", sind sich die Jungen einig. Sie überlegen, was sie die Tierpflegerin fragen wollen:

Wer gehört zu einer Gorillafamilie? Wie ziehen Gorillas ihre Jungen groß? Wie ernähren sie sich? Und warum trommeln sich die Tiere auf die Brust?

Große Menschenaffen

Gorillas sind große Menschenaffen. Auch Schimpansen, Bonobos und Orang-Utans gehören zu dieser Gruppe. Sie sind uns Menschen sehr ähnlich.

Gorillas sind die größten Menschenaffen.

Schimpansen spielen gerne.

Bonobos nennt man auch Zwergschimpansen.

Orang-Utans können sehr gut klettern.

Gorillas und Menschen

Die großen Menschenaffen sind mit uns Menschen verwandt. Proconsul africanus gilt als ein gemeinsamer Vorfahre. Er lebte vor etwa 20 Millionen Jahren.

Proconsul africanus

Vor etwa acht Millionen Jahren entwickelten sich Gorillas. Erst vor rund 200 Tausend Jahren entstand der moderne Mensch.

Körperbau

Die Skelette von Gorilla und Mensch sind sich sehr ähnlich. Die Arme der Affen sind aber zum Beispiel viel länger.

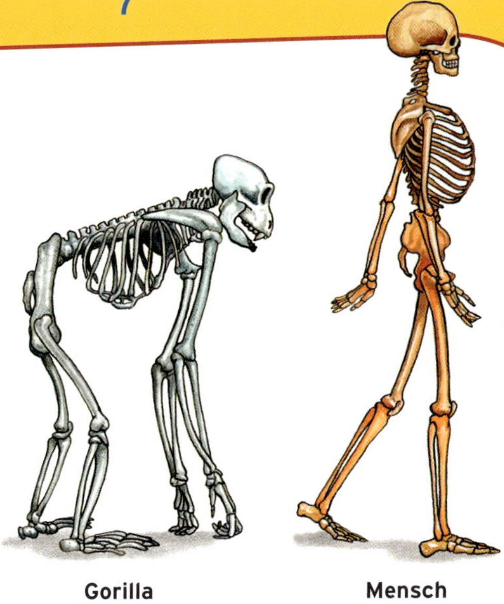

Hände und Füße

Mit ihren Händen und Füßen können die Menschenaffen sehr gut klettern. Ihre Gliedmaßen sind fast so beweglich wie die der Menschen.

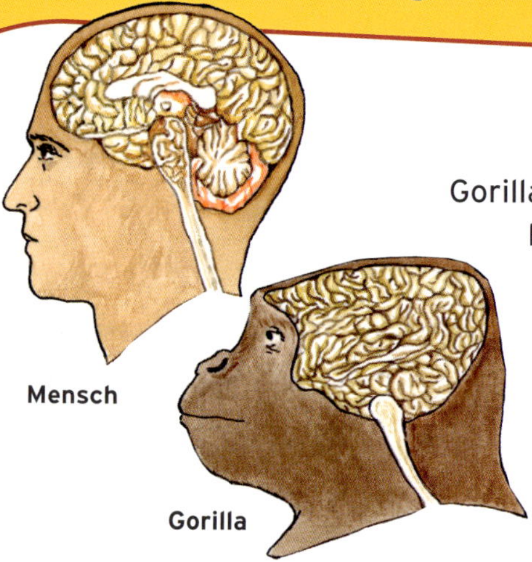

Großes Gehirn

Gorillas und Menschen haben ein großes Gehirn. Gorillas können mehr lernen als viele andere Tiere.

Gorilla-Unterarten

Man unterscheidet Berggorillas und Flachlandgorillas. Beide Unterarten sehen sich sehr ähnlich.

Berggorillas

Diese Gorillas bewohnen Waldgebiete, die über 3.000 Meter hoch liegen können. Sie verbringen die meiste Zeit des Tages am Waldboden.

Dickes Fell

In der Heimat der Berggorillas regnet es oft. Ihr dickes Fell schützt sie aber gut.

Seltene Tiere

Es gibt nur noch wenige hundert Berggorillas. Jäger haben viele Tiere getötet. Außerdem wird ihr Lebensraum immer kleiner.

Waldrodung mit Feuer

Flachlandgorillas

Man findet sie in den tropischen Regenwäldern.

Östlicher Flachland-gorilla

Westlicher Flachland-gorilla

Lebensraum der Gorillas

Alle Gorillas leben in kleinen Gebieten von Afrika.

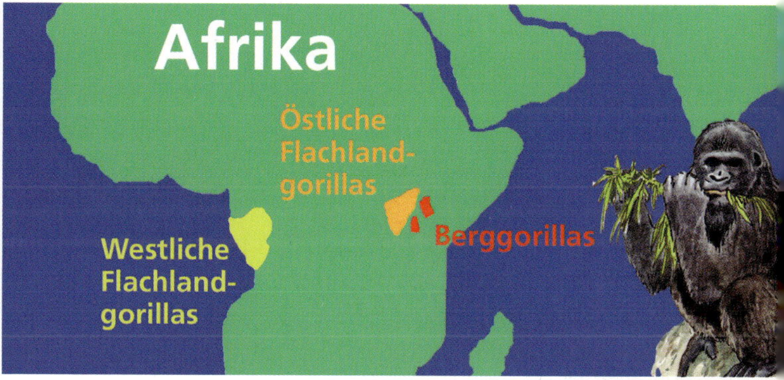

Benny Blu Wissens-Tipp

Gorillas sind etwa so groß wie wir, aber viel schwerer. Gorillamännchen wiegen bis zu 275 Kilogramm. Die Weibchen sind etwa 100 Kilogramm schwer.

Leben in der Großfamilie

Zu einer Gorillafamilie gehören mehrere Weibchen mit ihren Babys. Hinzu kommen einige halbwüchsige Gorillas. Ein älteres Männchen ist der Anführer.

Benny Blu Zwischenfrage

Welche vier Affenarten gehören zu den großen Menschenaffen?

Gorillas, Orang-Utans, Schimpansen, Bonobos

Silberrücken

Der Anführer der Gorillagruppe heißt Silberrücken. So nennt man ihn wegen seines silbergrauen Rückenfells.

Beschützer

Der Silberrücken beschützt seine Familie. Dabei helfen ihm die jüngeren Männchen.

Mehrere Frauen

Mehrere Weibchen leben mit dem Silberrücken zusammen. Sie bleiben meist ein Leben lang bei ihm.

Guter Vater

Der Rudelführer ist oft der Vater aller Gorillajungen. Geduldig passt er auf seine Kinder auf. Er spielt auch mit ihnen.

Sehr verspielt

Gorillajunge tollen sehr gerne herum oder fangen einander. Dabei messen sie ihre Kräfte. Außerdem lernen sie, miteinander umzugehen.

Benny Blu Internet-Tipp

Im Internet unter www.BennyBlu.de findest du ein spannendes Gorilla-Suchspiel. Schau mal rein!

Schwarzer Rücken

Das Rückenfell der jungen Gorillamännchen ist dunkel. Daher nennt man sie Schwarzrücken.

Erwachsen werden

Ein Männchen wird mit etwa elf Jahren erwachsen. Sein Rücken färbt sich silbergrau. Die Brusthaare fallen aus. An den Armen wird das Fell länger.

Junggesellen

Meist müssen die erwachsenen Gorillamännchen die Familie verlassen. Häufig tun sie sich mit anderen jungen Männchen zusammen.

Partnersuche

Auch die erwachsenen Gorillaweibchen trennen sich von der Familie. Sie schließen sich einer neuen Gruppe an.

Nachwuchs

Mit etwa acht Jahren kann ein Gorillaweibchen Nachwuchs bekommen. Ein Baby wächst fast neun Monate im Bauch der Mutter heran.

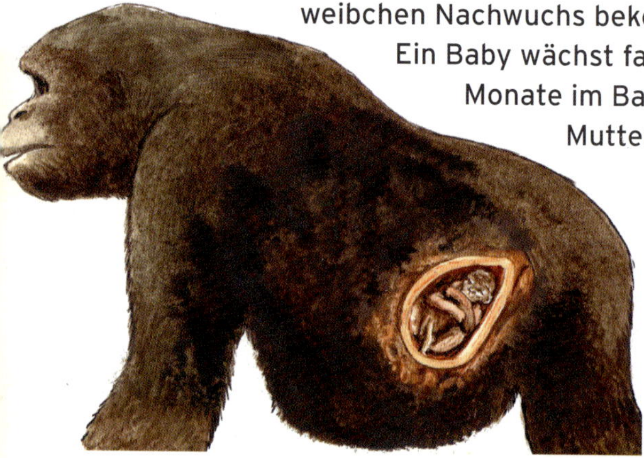

Baby

Gorillababys haben kaum Haare. Bei der Geburt wiegen sie zwei bis drei Kilogramm.

Von der Mutter getragen

Anfangs trägt die Gorillamama ihr Kind am Bauch, später auch auf dem Rücken. Es ist überall dabei.

Muttermilch

Das Gorillababy trinkt zwei bis drei Jahre lang Muttermilch. Mit einem halben Jahr frisst es zusätzlich Pflanzen.

Erste Schritte

Manche Gorillas können mit sieben Monaten gehen. Menschenkinder machen erst ab etwa einem Jahr die ersten Schritte.

Benny Blu Wissens-Tipp

Gorillas werden in freier Natur bis zu 35 Jahre alt. Im Zoo können sie ein Alter von 50 Jahren erreichen.

Friedliche Riesen

Gorillas gucken oft sehr grimmig. Dieser Eindruck täuscht aber. Sie sind sehr friedliche Tiere.

Benny Blu Wissens-Tipp

Kennst du King Kong? Das ist ein schrecklicher Riesengorilla im Film. Er hat aber nichts mit den wirklichen Tieren zu tun.

Scheinangriff

Wird ein Gorilla bedroht, vertreibt er den Feind. Zum Schein greift er ihn an. Echte Angriffe sind selten.

Trommeln

Die Männchen trommeln sich oft auf die Brust. So beeindrucken sie andere Gorillas. Sie wollen damit auch den Weibchen gefallen.

Benny Blu Hör-Tipp

Möchtest du hören, wie sich ein Gorilla auf die Brust trommelt und brüllt? Dann schau im Internet unter www.BennyBlu.de nach!

Haben Gorillas Feinde?

Erwachsene Gorillas haben keine Feinde. Aber für Gorillajunge sind Leoparden gefährlich.

Benny Blu Nasen-Vergleich

Viele Gorillas sind sich sehr ähnlich. Man kann sie aber gut an der Nase unterscheiden. Welche Nase gehört zum Gorilla auf Seite 21?

Mahlzeit!

Gorillas sind Pflanzenfresser. Sie ernähren sich von Blättern und Kräutern. Auch Früchte und Baumrinde stehen auf ihrem Speiseplan.

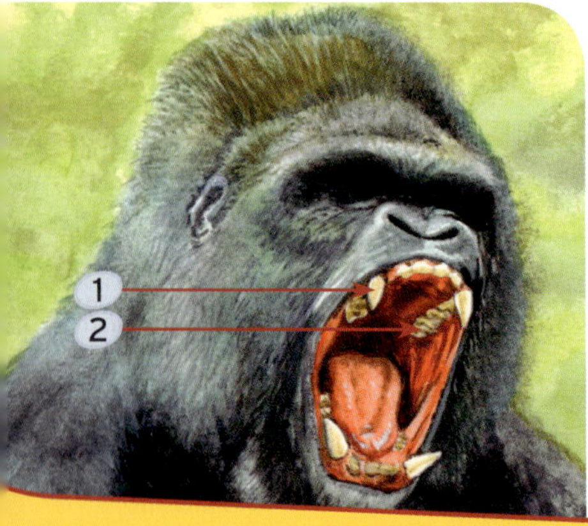

Gute Zähne

Mit den Eckzähnen 1 zerkleinern die Gorillas das Futter. Die Backenzähne 2 zermahlen es.

Auf Futtersuche

Flachlandgorillas legen große Strecken zurück, um genügend Nahrung zu finden. Berggorillas suchen ihr Futter meist in der näheren Umgebung.

Benny Blu Wissens-Tipp

Gorillas können sich im Regenwald sehr gut fortbewegen. Sie sind dabei etwa zehnmal so schnell wie Menschen!

Benny Blu Gorilla-Suchbild

Eine Gorillafamilie ruht sich aus. Auf dem Bild haben sich fünf Fehler eingeschlichen. Was gehört nicht in den Urwald?

Leben mit Gorillas

Die Amerikanerin Dian Fossey lebte fast 20 Jahre mit Berggorillas zusammen. Sie fand viel über das spannende Leben der Tiere heraus.

Die Forscherin ahmte das Verhalten und die Laute der Gorillas nach. Die Menschenaffen vertrauten ihr. Das schaffen nur wenige Menschen!

Benny Blu Gorilla-Rekorde

Berggorilla

Nestbauer

Gorillas sind die größten Nestbauer unter den Säugetieren. Jedes Tier baut sich abends ein eigenes Schlafnest. Es ist bis zu einem Meter groß.

Schlauer Gorilla

Das Gorillaweibchen Koko kann sich mit über 1.000 Handzeichen verständigen. Ganz schön schlau!

Koko macht das Zeichen für Liebe.

Benny Blu Bücher

... vermitteln Wissen kinderleicht
... machen fit für die Schule
... bringen Spaß für die Leser

Wissen für alle von 5 bis 105!

Andreas Hinkel

Lukas Koch

Thomas Bug

Henry Maske

Nina Ruge

Walter Röhrl

Christian Häckl

Prominente Autoren

Viele prominente Autoren geben ihr Sachwissen gerne weiter. Zusammen mit Benny Blu setzen sie sich regelmäßig für Kinder in schwierigen Lebenssituationen ein.

Kein Benny Blu Buch verpassen!

Wer kein Benny Blu Buch verpassen will, nutzt den **Benny Blu Newsletter-Service.** Mehr Infos unter www.BennyBlu.de.

Benny Blu Bücher

Adler – Könige der Lüfte
Ägypten – Leben am Nil
Altes Rom – Soldaten, Götter, Spiele
Autos – Vom Dampfwagen zum Flitzer
Babys – Das Leben beginnt
Bauernhof – Leben auf dem Land
Benehmen – Bitte, danke, gern geschehen
Bienen – Fleißige Honigmacher
BRD – So ist sie aufgebaut
Brot – Vom Mehl zum Brot
Bücher – So werden sie gemacht
Christentum – Der Glaube an Jesus
Delfine – Schlaue Schwimmer
Dinosaurier – Faszinierende Urtiere
Eichen – Vom Samen zum Baumriesen
Eisbären – Raues Leben in der Arktis
Eisenbahn – Von der Pferdebahn zum ICE
Elefanten – Sanfte Riesen
Erde – Unser Lebensraum
Fernsehen – Filmen, senden, gucken
Feuerwehr – Löschen, retten, bergen, schütze
Flugzeuge – Vom Gleiter zum Airbus
Frösche – Quakkonzert am Teich
Fußball – Team, Tor, Sieg
Gefühle – Glücklich, wütend, fröhlich sein
Getreide – Vom Korn zum Mehl
Glas – Stoff mit Durchblick
Gorillas – Große Menschenaffen
Handy – Telefone und Funklöcher
Hausbau – Von der Planung zum Einzug
Heilpflanzen – Blüten, Tee und Zauberkraft
Hunde – Freunde der Menschen
Igel – Stachelige Urtiere
Indianer – Wigwam und Büffeljagd
Kaninchen – ... und Hasen
Katzen – Schnurren oder kratzen
Kino – Wie die Bilder laufen lernen
Körper – So funktioniert er
Kolumbus – Entdeckung der Neuen Welt
Lerntipps – Leichter lernen

Löwen – Mächtige Raubkatzen
Meisen – Geschickte Gartenvögel
Milch – Vom Euter bis zur Flasche
Ostern – Das Fest der Freude
Papageien – Bunt und gesellig
Pferde – Schön, schnell und stark
Pilze – Vielseitig und nützlich
Piraten – Räuber der Meere
Polizei – Hilfe, Schutz, Verbrecherjagd
Radio – Senden und empfangen
Ritter – Lanze, Ross und Reiter
Schiffe – Segelschiffe, Dampfer, Frachter
Schlangen – Züngeln, schlängeln, zischen
Schmetterlinge – Von der Raupe zum Falter
Schokolade – Süßes vom Kakaobaum
Sport – Olympisch fit und fair
Tannen – Immergrüne Nadelbäume
Tiger – Gestreifte Großkatzen
Verkehr – Sicher auf der Straße
Vulkane – Feuer speiende Berge
Wasser – Aus der Quelle ins Glas
Weihnachten – Das Fest der Liebe
Weltall – Sterne und Planeten
Wetter – Regen, Wolken, Sonnenschein
Wiese – Blumen, Gräser und Tiere
Wikinger – Raues Seefahrervolk
Zähne – Starke Beißer
Zeit – Messbar, aber nicht zu fassen
Zucker – Aus der Rübe in die Tüte

... und viele weitere Titel.

Mehr Infos zu Benny Blu
unter der Hotline:
01805/71 15 71 (0,12 €/Minute)
oder im Internet unter:

www.BennyBlu.de

Alle Lösungen auf einen Blick

Damit du die Lösungen lesen kannst,
musst du das Buch drehen.

Von Seite 12:

Benny Blu Zwischenfrage

Spitze! Zu den Menschenaffen gehören die Gorillas, die Schimpansen, die Bonobos und die Orang-Utans.

Von Seite 23:

Benny Blu Nasen-Vergleich

Prima! Die Nase auf Bild 3 ist richtig.

Von Seite 26:

Benny Blu Gorilla-Suchbild